Gegenstände, Würfelbilder und Zahlen zuordnen

1

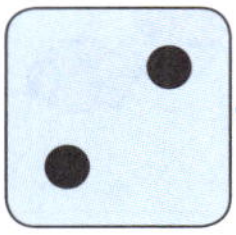
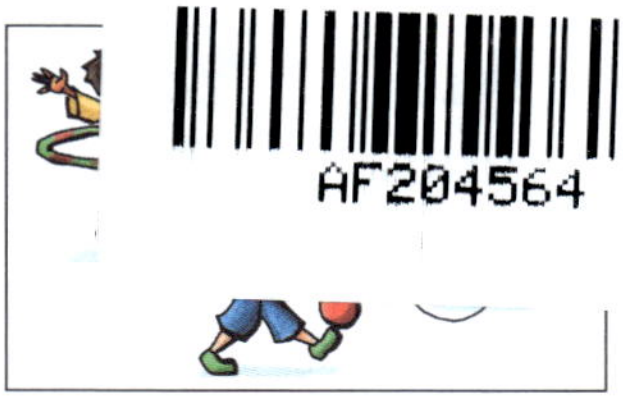
2

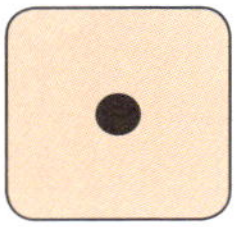
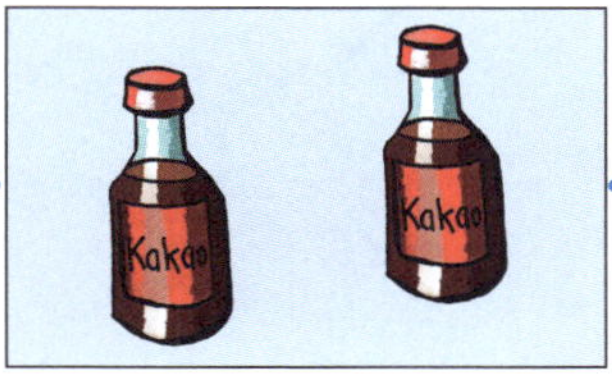

3

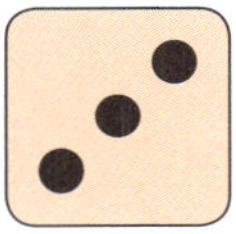
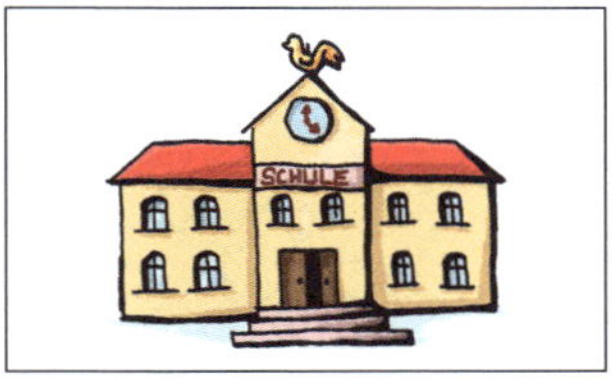

1

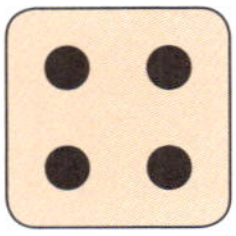
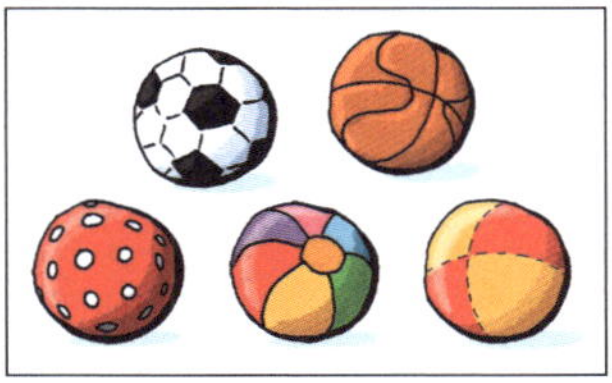
4

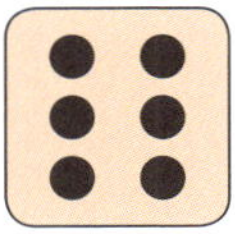
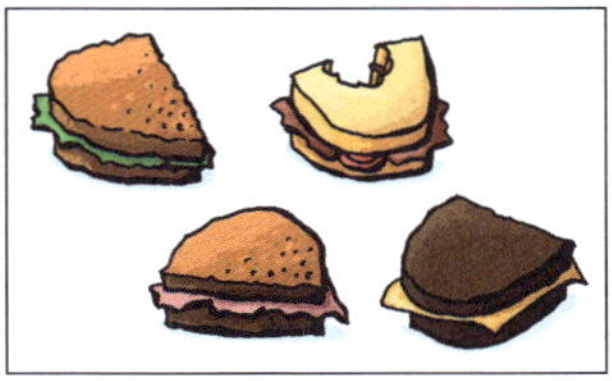
6

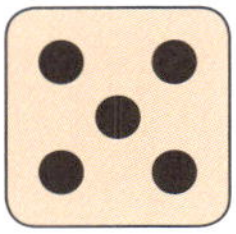
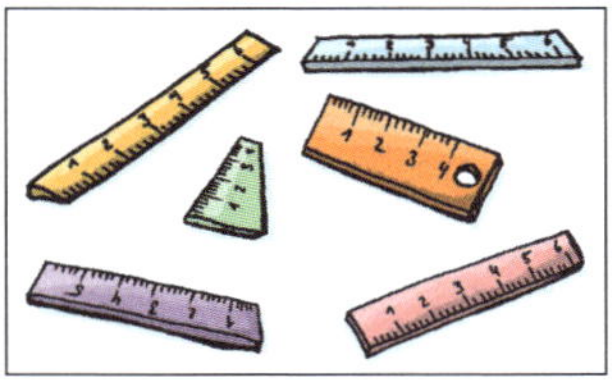
5

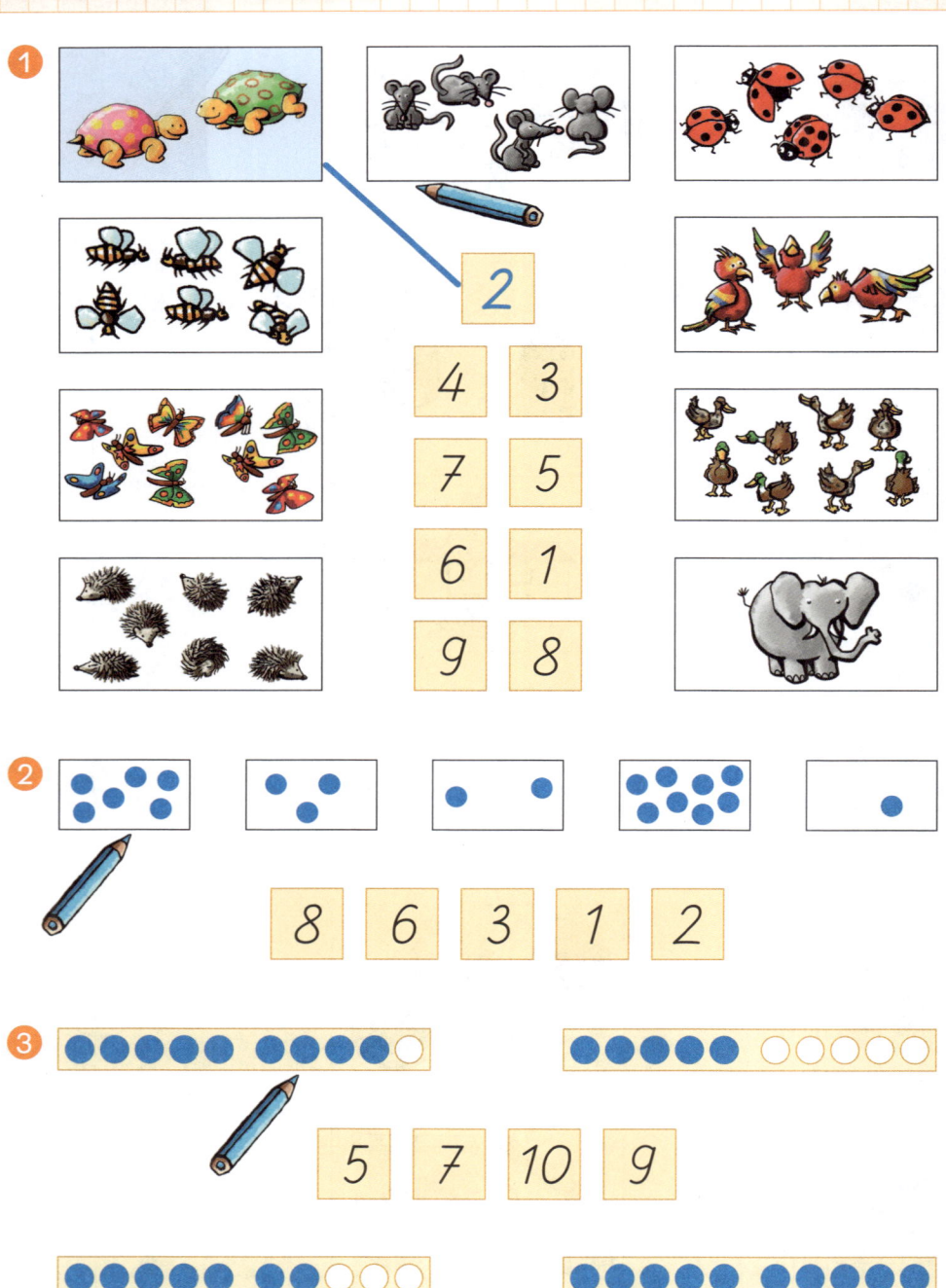

1

2

4 3
7 5
6 1
9 8

2

8 6 3 1 2

3

5 7 10 9

Zahlen nachspuren (1)

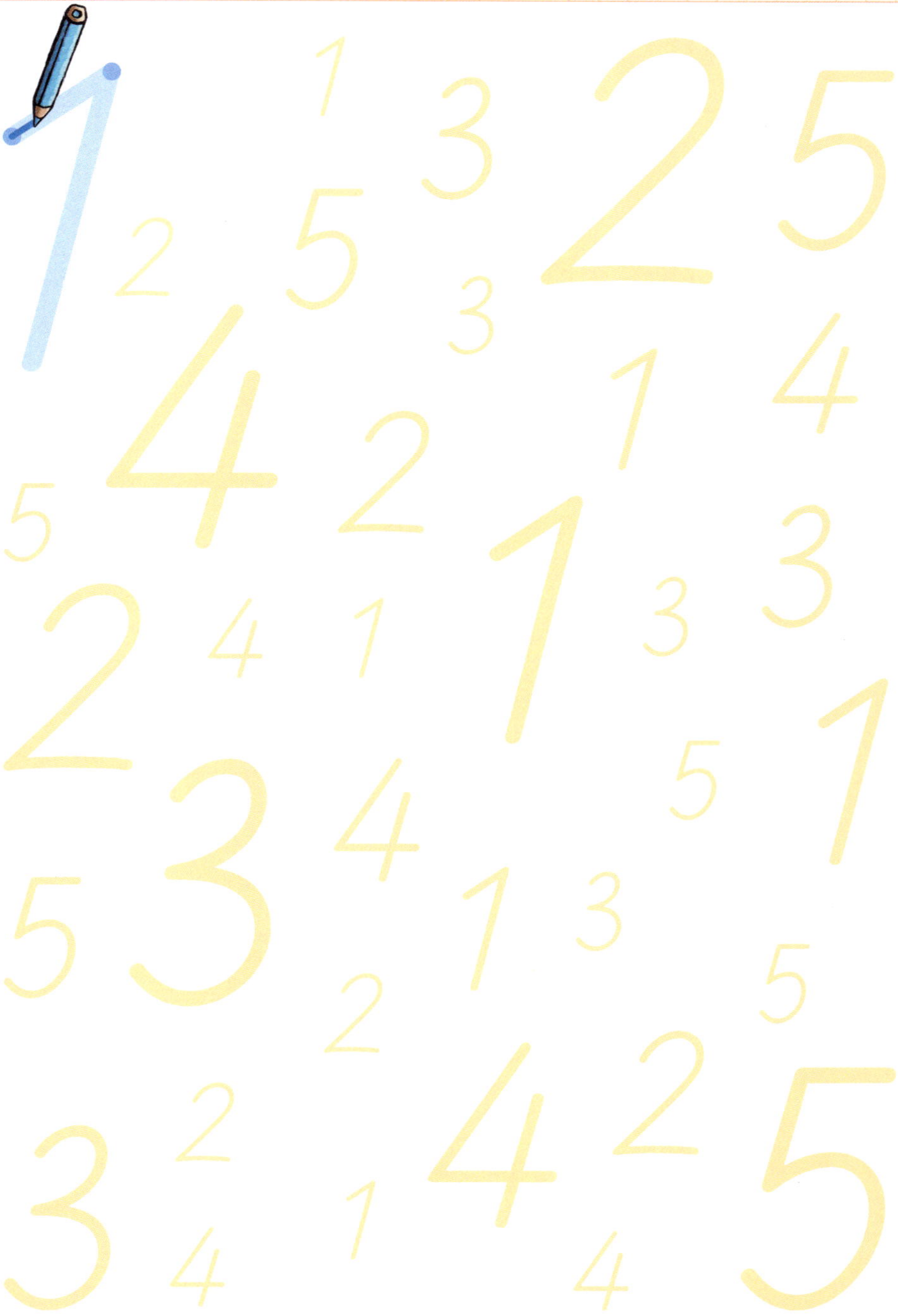

Fehlende Zahlen einsetzen

1

2	3	4		1	2			4	5	

	4			6				8	

		6			10			7

		8	3				9	

2

1	2		4		6			9	

	3		5	6			7	8	

		7			3	4		

1				5	

	6					8		

		3	4			7			

1

Zahlen bis 10 zerlegen

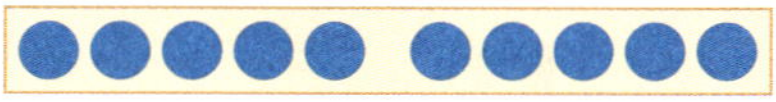

●●●●● ●●●●●

1

3
| 2 | 1 |

5
| 3 | |

6
| | 5 |

4
| | 1 |

2
| | |

2

9
| 3 | |
| | 1 |

10
| 8 | |
| | 4 |

7
2	
	3
6	

3

8
1	
	5
7	
	4

10
| 5 | | 3 |
| | 1 | 6 |

10
1	
	3
5	

Würfelbilder und Zahlen vergleichen

1

 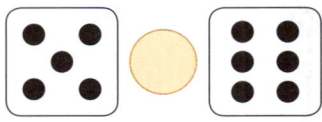

2

5	◯	2		4	◯	9
4	◯	3		3	◯	2
3	◯	5		7	◯	6

3

5	<	☐		10	>	☐
4	<	☐		9	>	☐
☐	◯	☐		☐	◯	☐
☐	◯	☐		☐	◯	☐

Formen erkennen, ausmalen und zählen

1

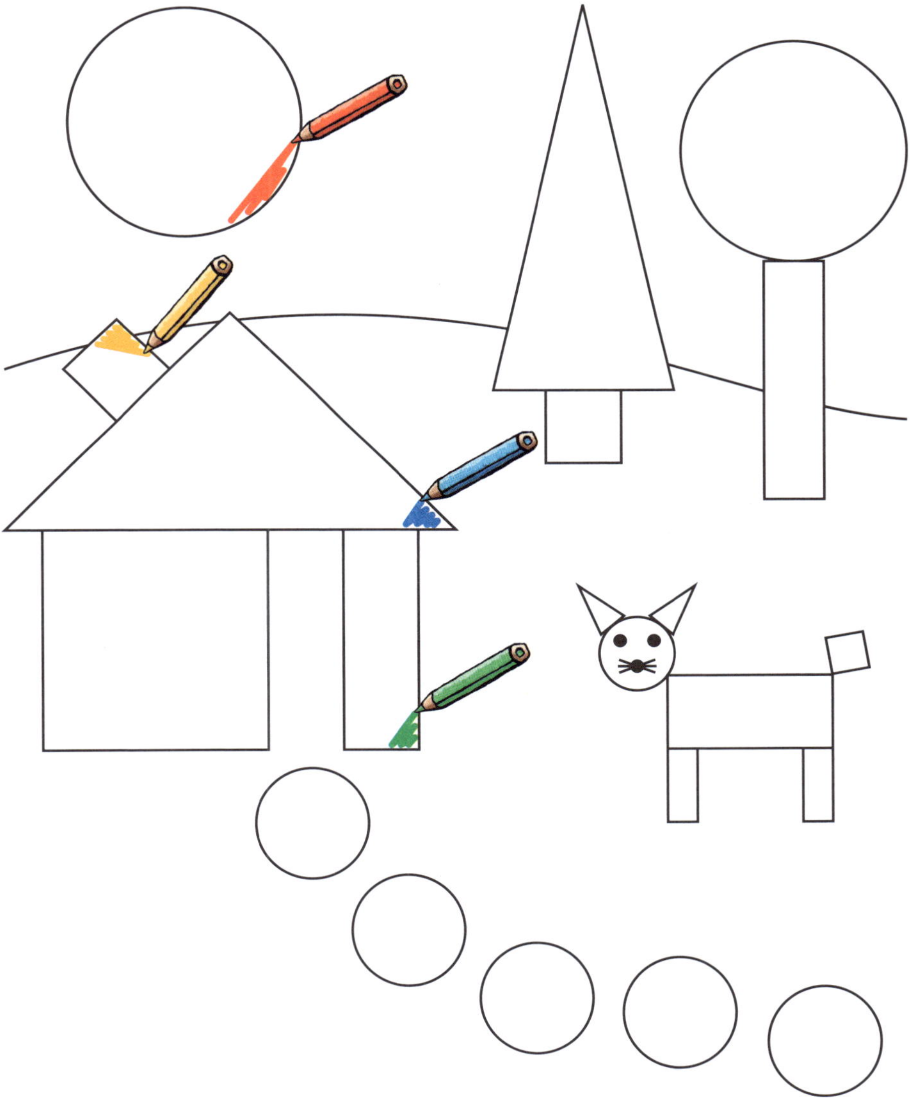

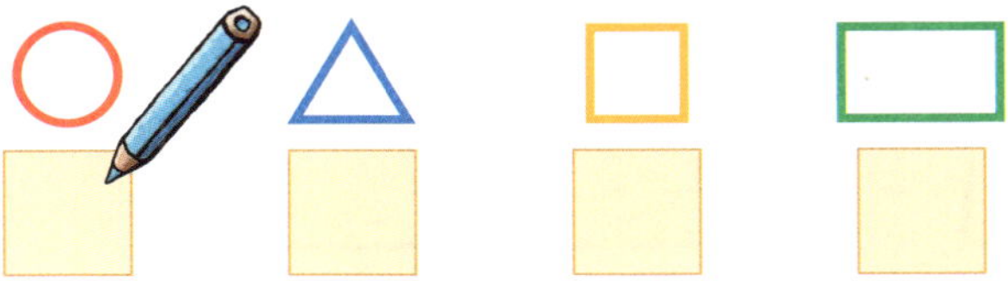

Bildern passende Plusaufgaben zuordnen

1

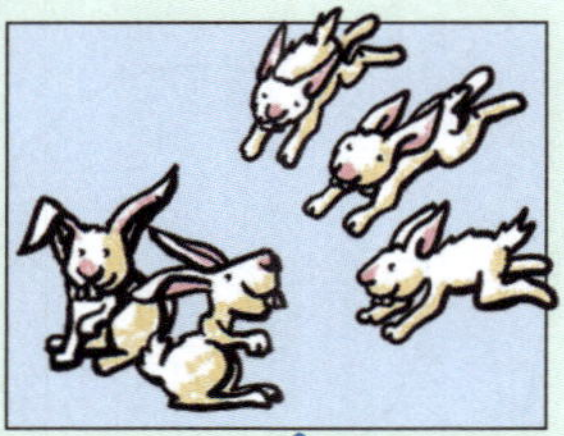
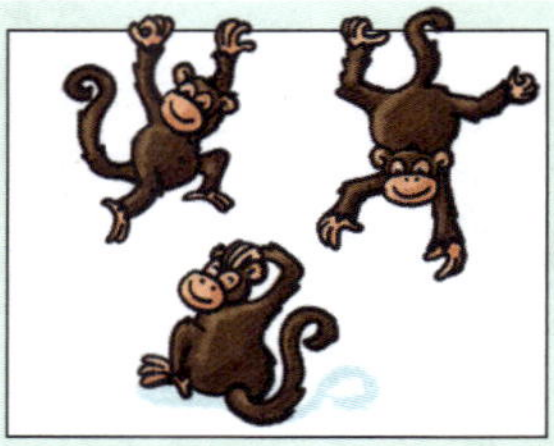
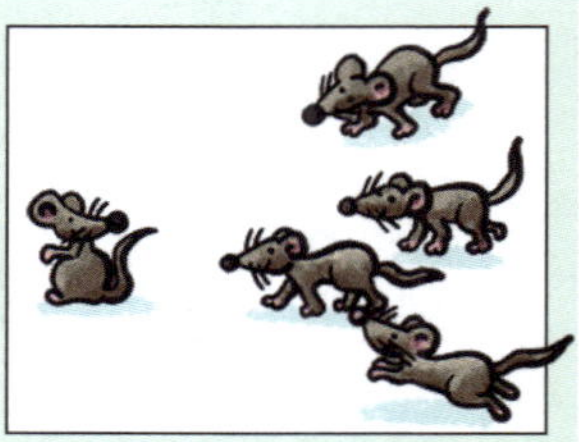

2 + 3 | 1 + 2 | 1 + 3 | 1 + 4

2

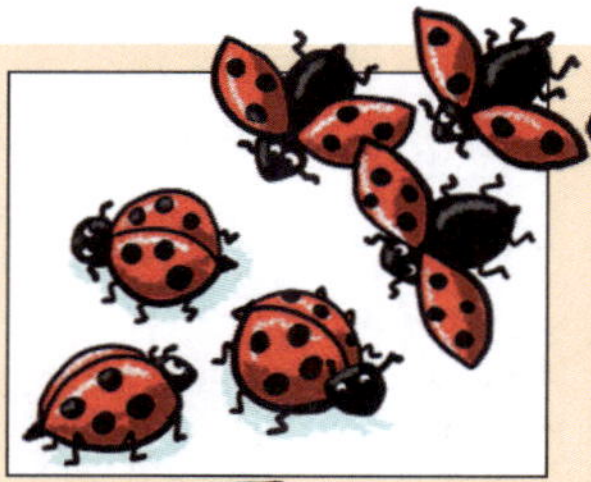
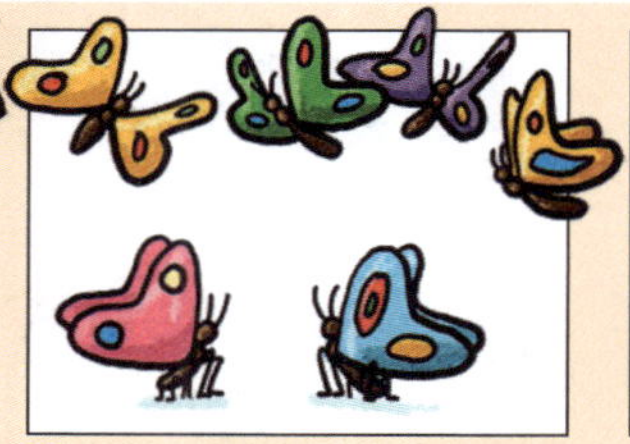
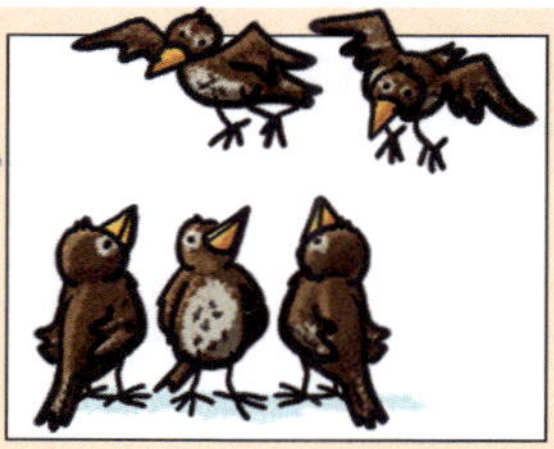

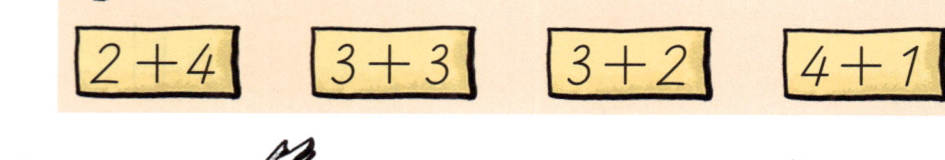

2 + 4 | 3 + 3 | 3 + 2 | 4 + 1

3

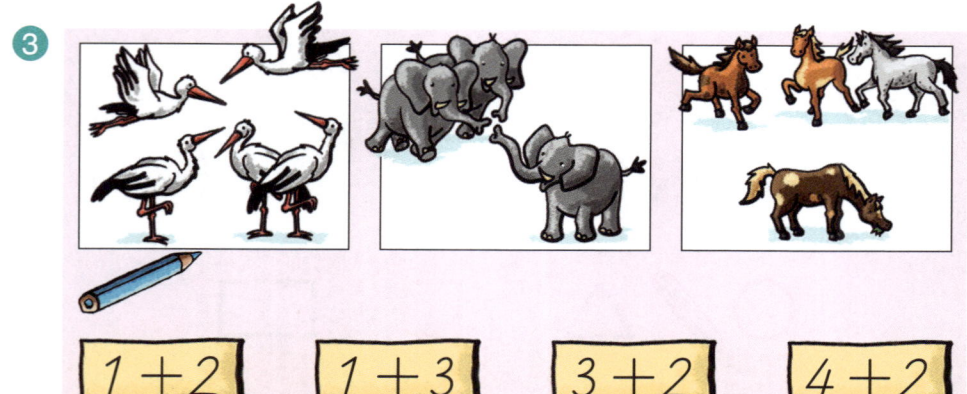

1 + 2 | 1 + 3 | 3 + 2 | 4 + 2

1

$4+2=$

$2+3=\ 5$

$3+1=$

$2+1=$

$1+3=$

2

$2+5=$

$5+2=$

$1+4=$

$3+2=$

$2+2=$

3

$6+2=$

$2+6=$

$3+7=$

$5+4=$

$1+5=$

1

$2 + \boxed{} = 5$

$1 + \boxed{} = 8$

$4 + \boxed{} = 7$

$6 + \boxed{} = 9$

2 $3 + \boxed{} = 8$

$2 + \boxed{} = 7$

$1 + \boxed{} = 5$

$3 + \boxed{} = 10$

$5 + \boxed{} = 6$

$3 + \boxed{} = 4$

$1 + \boxed{} = 6$

$1 + \boxed{} = 10$

3

$\boxed{} + 3 = 3$

$\boxed{} + 4 = 6$

$\boxed{} + 2 = 4$

$\boxed{} + 6 = 9$

$\boxed{} + 1 = 5$

$\boxed{} + 5 = 10$

$\boxed{} + 2 = 8$

$\boxed{} + 6 = 7$

Bildern passende Minusaufgaben zuordnen

1

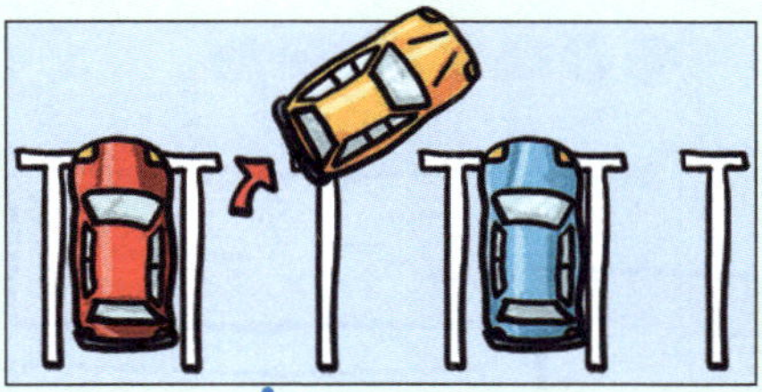

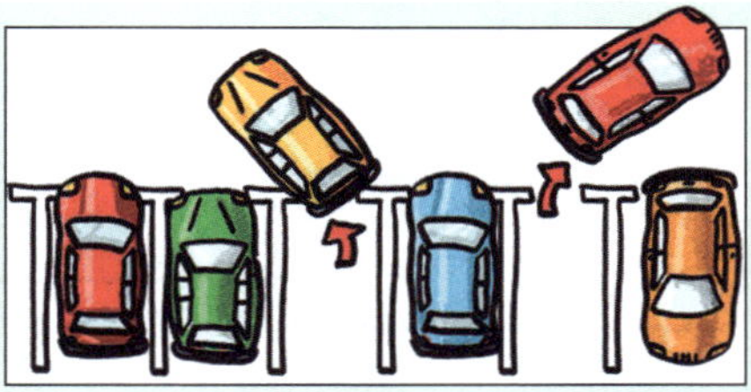

3 – 1 | 4 – 1 | 6 – 4 | 6 – 2

2

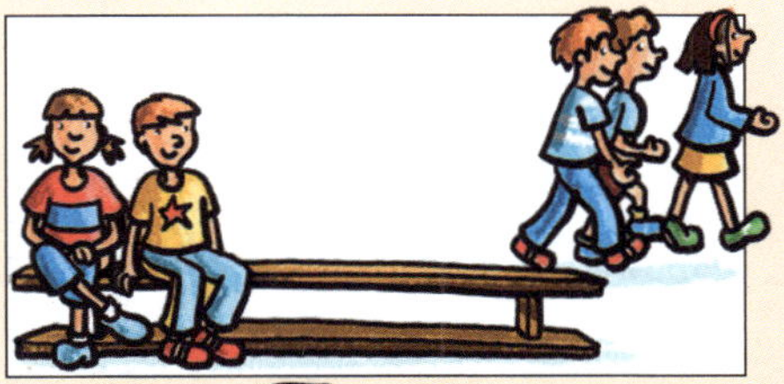

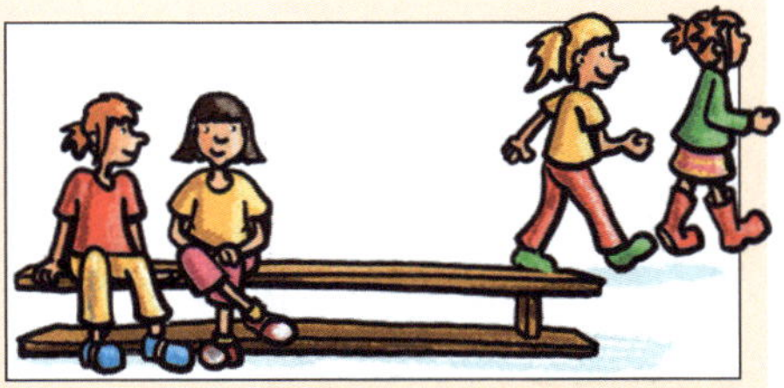

4 – 3 | 5 – 3 | 4 – 2 | 5 – 2

3

6 – 3 | 4 – 3 | 5 – 2 | 5 – 3

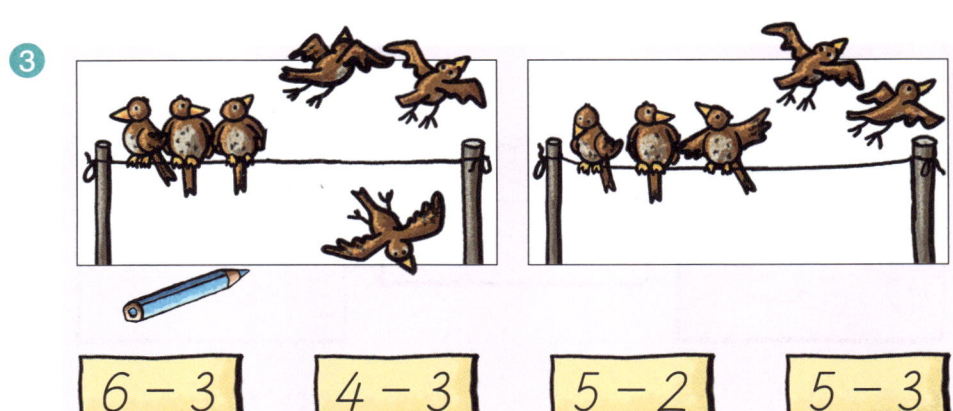

1

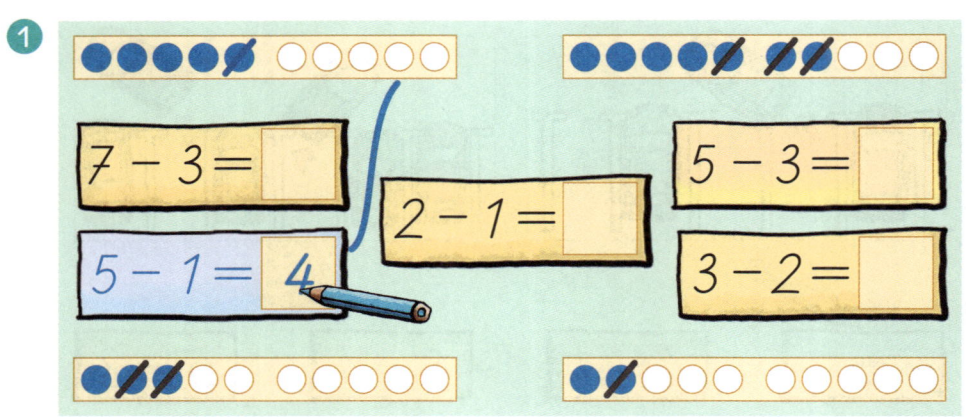

$7 - 3 =$

$5 - 1 = 4$

$2 - 1 =$

$5 - 3 =$

$3 - 2 =$

2

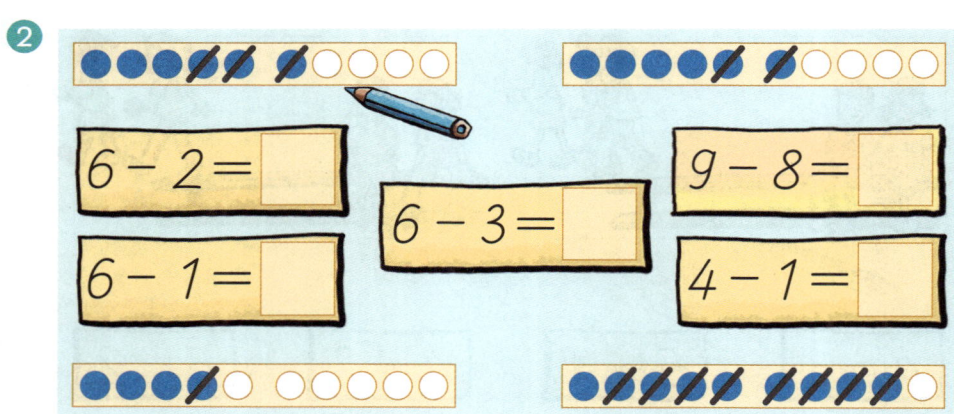

$6 - 2 =$

$6 - 1 =$

$6 - 3 =$

$9 - 8 =$

$4 - 1 =$

3

$4 - 3 =$

$10 - 5 =$

$6 - 5 =$

$4 - 2 =$

$3 - 1 =$

Ergänzungsaufgaben (minus) lösen

1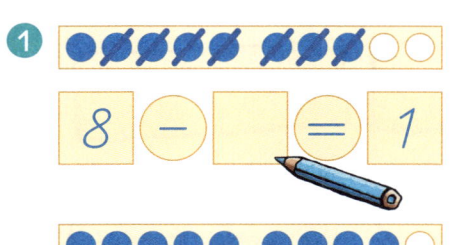

$8 - \boxed{} = 1$

$9 - \boxed{} = 4$

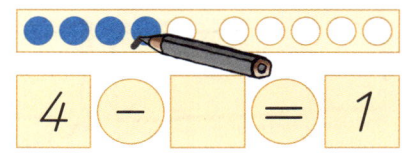

$4 - \boxed{} = 1$

$5 - \boxed{} = 0$

2 $7 - \boxed{} = 3$

$6 - \boxed{} = 3$

$4 - \boxed{} = 1$

$9 - \boxed{} = 2$

$7 - \boxed{} = 4$

$3 - \boxed{} = 2$

$6 - \boxed{} = 4$

$10 - \boxed{} = 3$

3 $\boxed{} - 3 = 7$

$\boxed{} - 5 = 1$

$\boxed{} - 4 = 5$

$\boxed{} - 1 = 6$

$\boxed{} - 6 = 3$

$\boxed{} - 0 = 10$

$\boxed{} - 1 = 8$

$\boxed{} - 1 = 9$

1

$2+3=\boxed{}$ $1+7=\boxed{}$ $4+2=\boxed{}$

$2+5=\boxed{}$ $3+2=\boxed{}$ $1+5=\boxed{}$

$7+1=\boxed{}$ $5+1=\boxed{}$ $4+6=\boxed{}$

$6+4=\boxed{}$ $2+4=\boxed{}$ $5+2=\boxed{}$

2

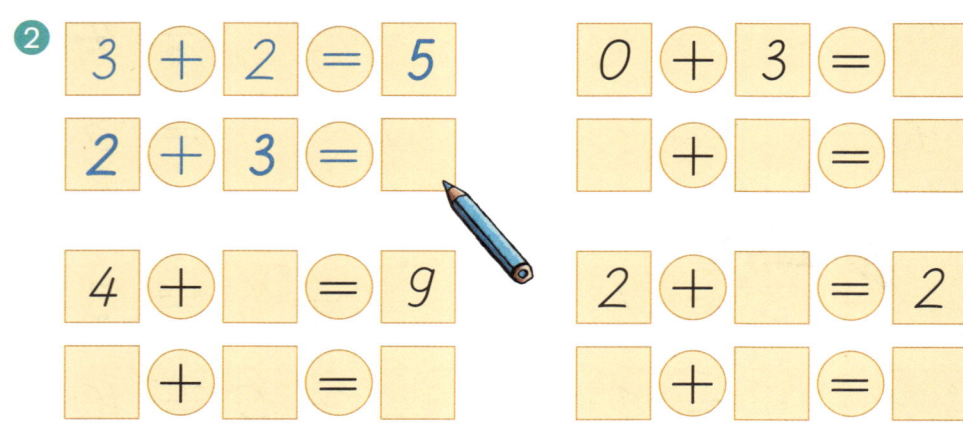

$3+2=5$ $\qquad$ $0+3=\boxed{}$

$2+3=\boxed{}$ $\qquad$ $\boxed{}+\boxed{}=\boxed{}$

$4+\boxed{}=9$ $\qquad$ $2+\boxed{}=2$

$\boxed{}+\boxed{}=\boxed{}$ $\qquad$ $\boxed{}+\boxed{}=\boxed{}$

$\boxed{}+5=10$ $\qquad$ $\boxed{}+3=7$

$\boxed{}+\boxed{}=\boxed{}$ $\qquad$ $\boxed{}+\boxed{}=\boxed{}$

Umkehraufgaben zuordnen und lösen

1

2 + 1 = 3

__ + __ = __

__ + __ = __

__ − __ = __

3 − __ = __

__ − __ = __

2

2 + 5 = 7

9 − 4 = __

8 − 2 = __

1 + 8 = __

5 + 4 = __

9 − 8 = __

7 − 5 = __

6 + 2 = __

1

$6 + 1 = \square$ $4 + 5 = \square$

$6 + 2 = \square$ $3 + 5 = \square$

$6 + \square = \square$ $\square + \square = \square$

2

$1 + 8 = \square$ $7 + 3 = \square$

$2 + 7 = \square$ $6 + 4 = \square$

$\square + 6 = \square$ $\square + \square = \square$

3

$7 - 5 = \square$ $4 - 2 = \square$

$7 - 4 = \square$ $3 - 2 = \square$

$7 - \square = \square$ $\square - \square = \square$

4

$6 - 1 = \square$ $10 - 6 = \square$

$7 - 2 = \square$ $9 - 5 = \square$

$8 - \square = \square$ $\square - \square = \square$

Vermischte Aufgaben üben

1
3 − 2 = ☐
5 + 1 = ☐
6 − 5 = ☐

2
☐ + ☐ = 8   ☐ − ☐ = 1
☐ + ☐ = 8   ☐ − ☐ = 1
☐ + ☐ = 8   ☐ − ☐ = 1

3
3 + ☐ = 6   3 + ☐ = 9
10 − ☐ = 8   2 + ☐ = 10
5 − ☐ = 5   1 − ☐ = 1

4
☐ − 6 = 4   ☐ + 2 = 2
☐ + 2 = 7   ☐ + 1 = 10
☐ − 3 = 3   ☐ − 3 = 5

1

4 gelb 5 grün 6 rot 7 braun 8 blau

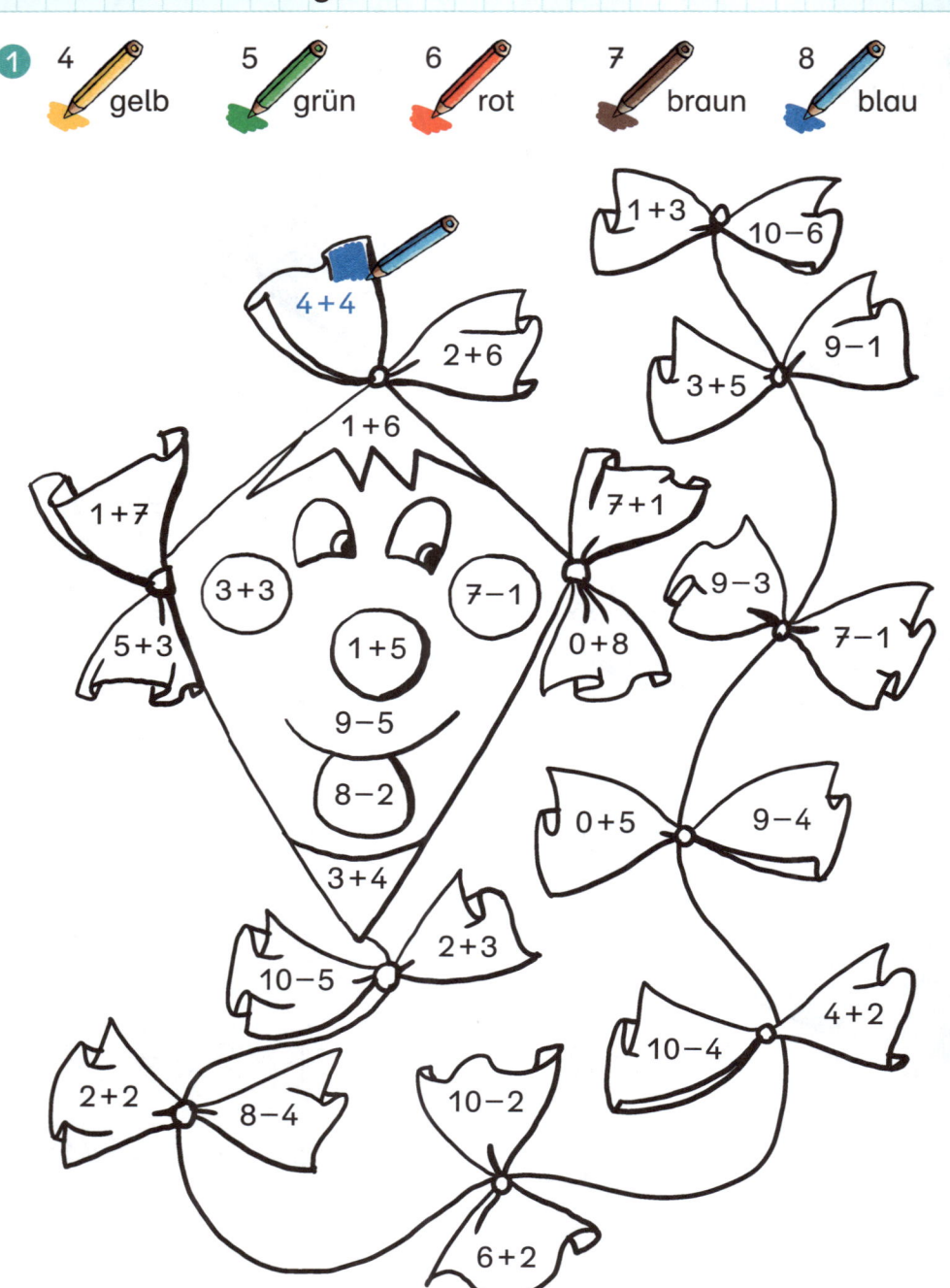

1

2

3

4

1

18

14

11

10

15

20

2

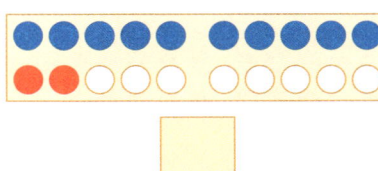

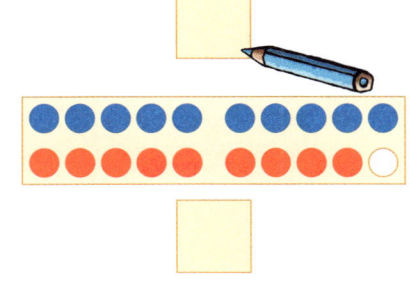

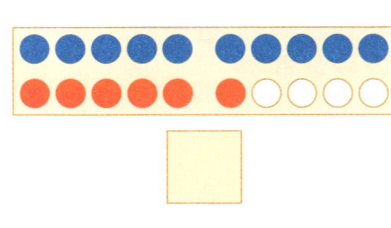

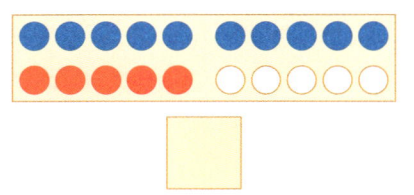

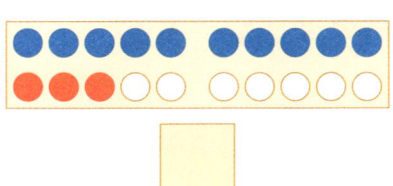

1

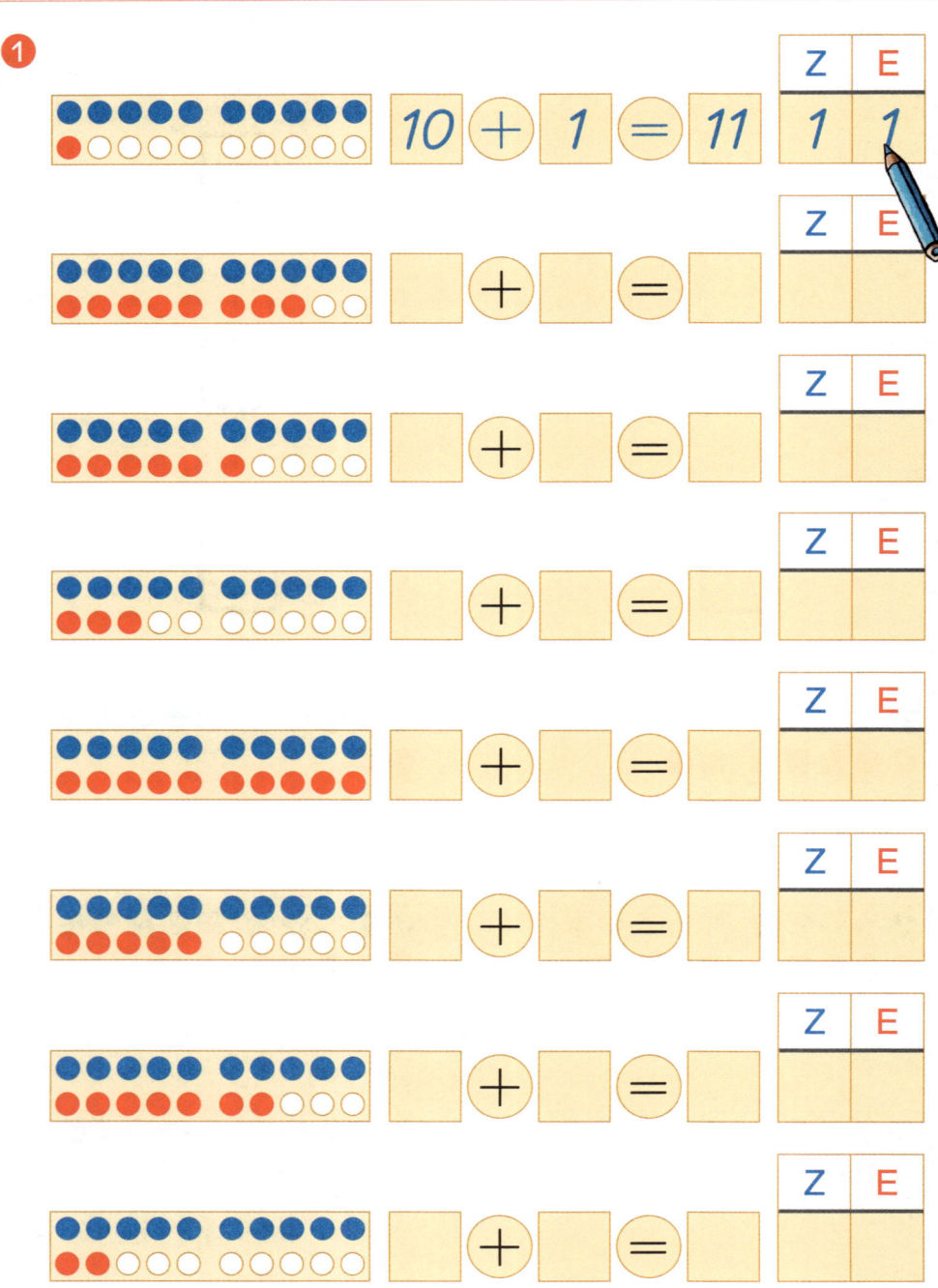

$$10 + 1 = 11$$

Z	E
1	1

Zahlen in Zehner und Einer zerlegen (2)

❶

$10 + 5 = 15$

$10 + 0 = \square$

$10 + 7 = \square$

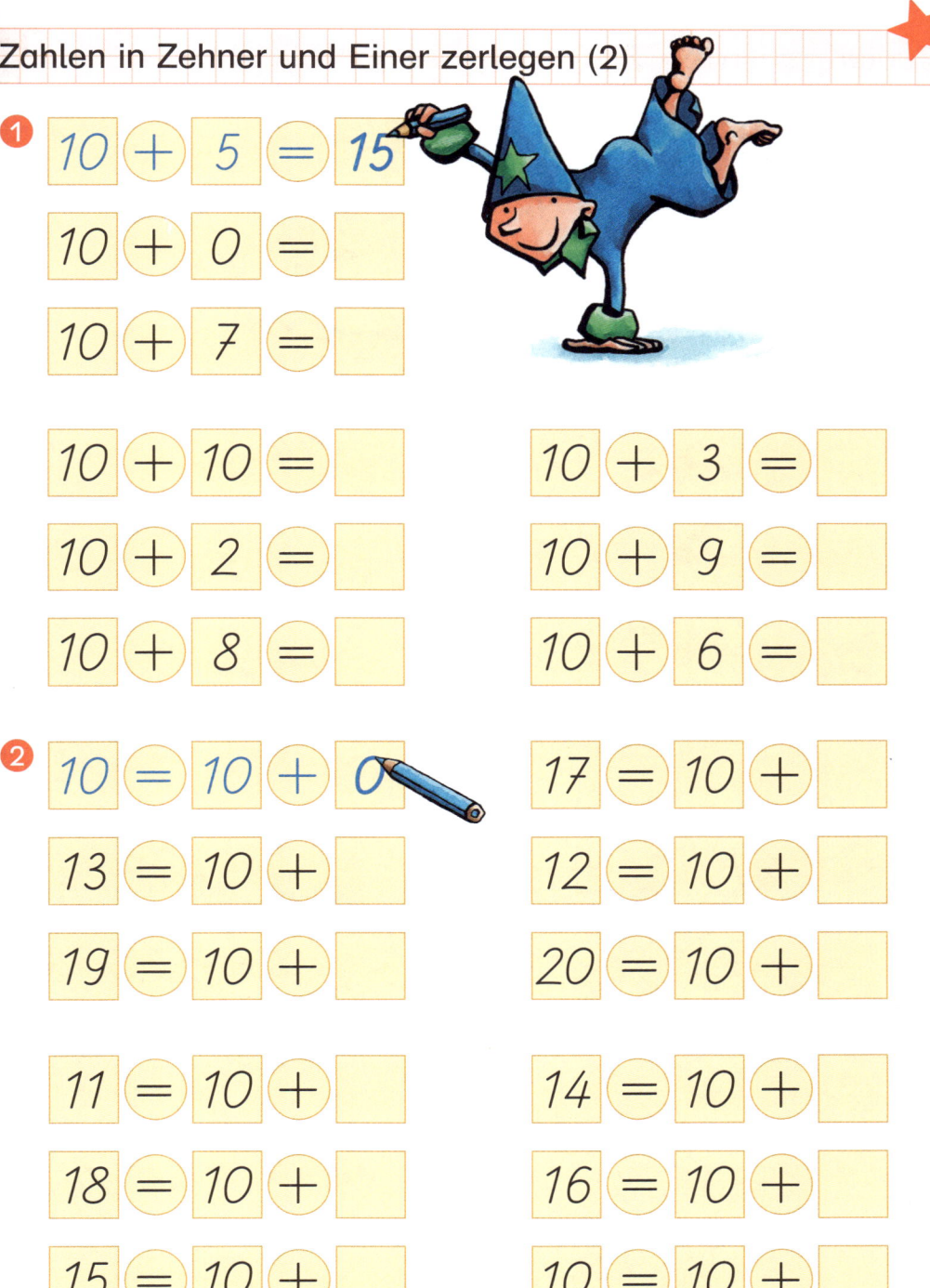

$10 + 10 = \square$ $10 + 3 = \square$

$10 + 2 = \square$ $10 + 9 = \square$

$10 + 8 = \square$ $10 + 6 = \square$

❷

$10 = 10 + 0$ $17 = 10 + \square$

$13 = 10 + \square$ $12 = 10 + \square$

$19 = 10 + \square$ $20 = 10 + \square$

$11 = 10 + \square$ $14 = 10 + \square$

$18 = 10 + \square$ $16 = 10 + \square$

$15 = 10 + \square$ $10 = 10 + \square$

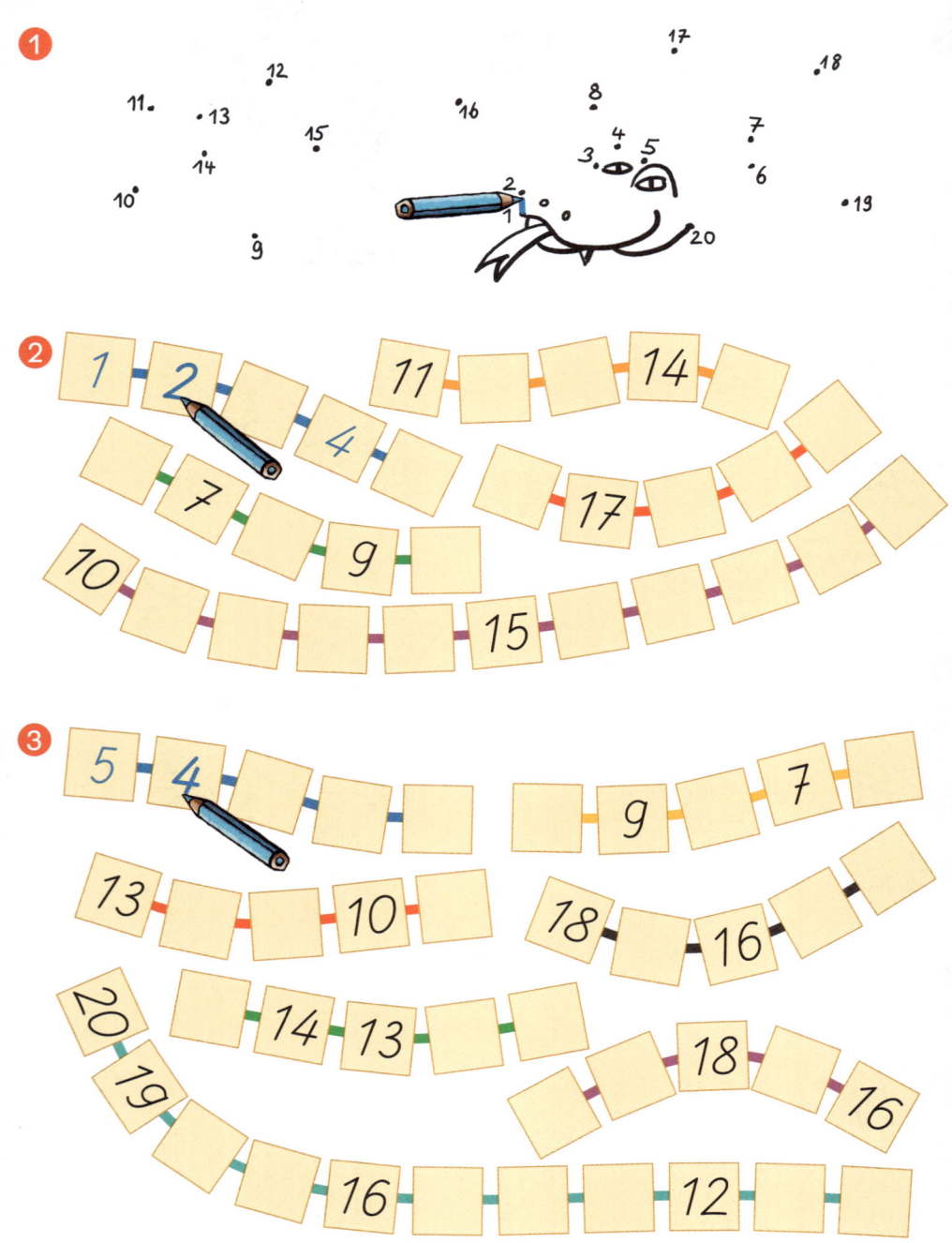

Zahlen vergleichen und ordnen

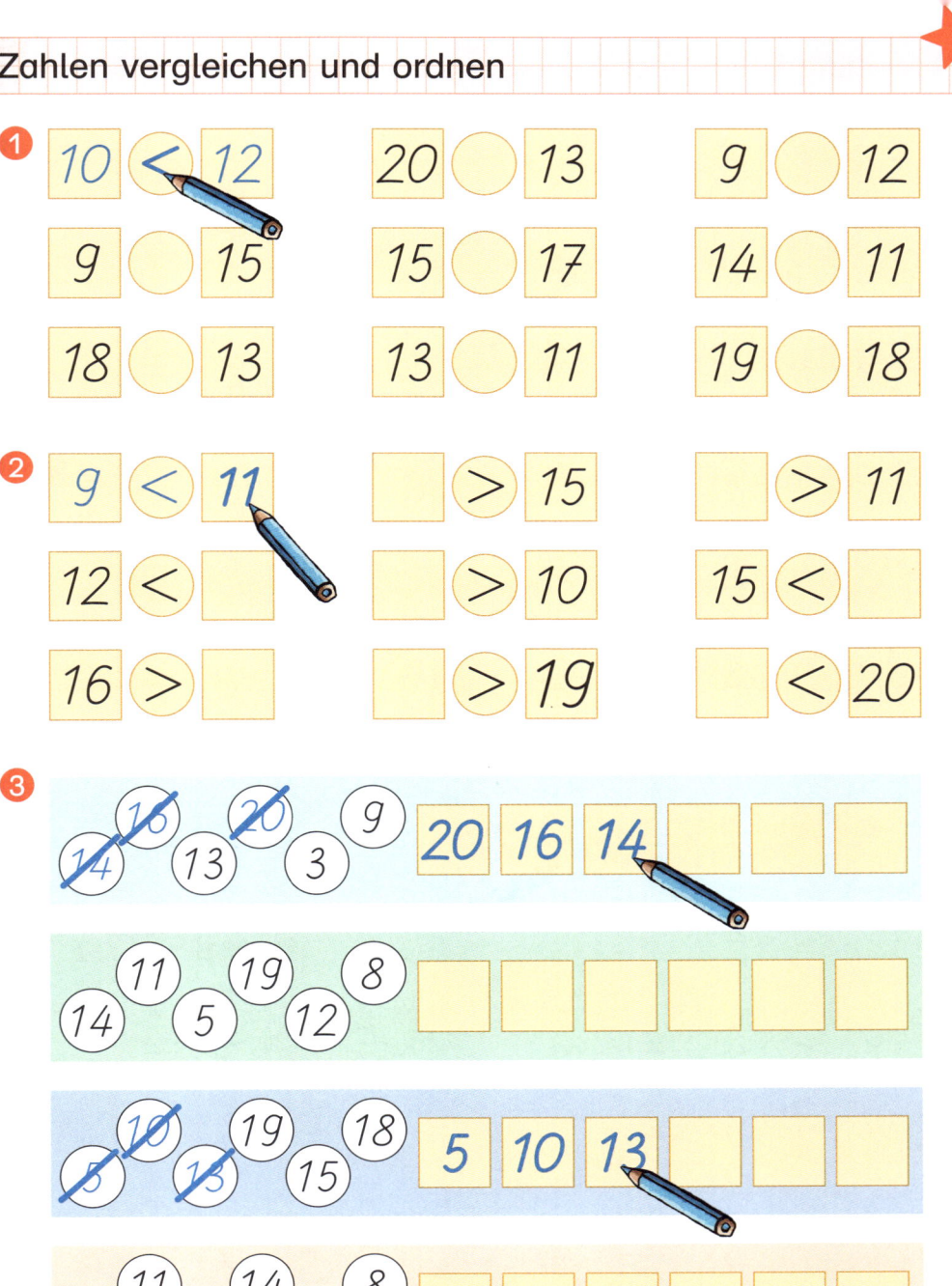

1

10 < 12   20 ◯ 13   9 ◯ 12

9 ◯ 15   15 ◯ 17   14 ◯ 11

18 ◯ 13   13 ◯ 11   19 ◯ 18

2

9 < 11   ☐ > 15   ☐ > 11

12 < ☐   ☐ > 10   15 < ☐

16 > ☐   ☐ > 19   ☐ < 20

3

16̶ 20̶ 9 14̶ 13 3 → 20 16 14 ☐ ☐ ☐

11 19 8 14 5 12 → ☐ ☐ ☐ ☐ ☐ ☐

10̶ 19 18 5̶ 13̶ 15 → 5 10 13 ☐ ☐ ☐

11 14 8 16 6 20 → ☐ ☐ ☐ ☐ ☐ ☐

Verwandte Plus- und Minusaufgaben lösen

❶

2 + 3 = 5
12 + 3 = 15

6 + 3 = ☐
16 + 3 = ☐

5 + 4 = ☐
15 + 4 = ☐

7 + 2 = ☐
17 + 2 = ☐

8 + 2 = ☐
18 + 2 = ☐

5 + 5 = ☐
15 + 5 = ☐

❷

5 − 2 = ☐
15 − 2 = ☐

3 − 2 = ☐
13 − 2 = ☐

7 − 4 = ☐
17 − 4 = ☐

5 − 3 = ☐
15 − 3 = ☐

4 − 3 = ☐
14 − 3 = ☐

6 − 5 = ☐
16 − 5 = ☐

Kleine Aufgabe finden und berechnen

1

$5 + 3 = 8$

$15 + 3 = \boxed{}$

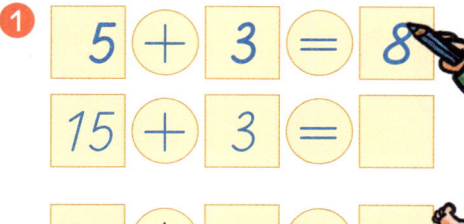

5 + 3 = 8

$\boxed{} + \boxed{} = \boxed{}$

$13 + 2 = \boxed{}$

$\boxed{} + \boxed{} = \boxed{}$

$16 + 4 = \boxed{}$

2

7 − 2

$\boxed{} - \boxed{} = \boxed{}$

$17 - 2 = \boxed{}$

$\boxed{} - \boxed{} = \boxed{}$

$19 - 6 = \boxed{}$

$\boxed{} - \boxed{} = \boxed{}$

$16 - 4 = \boxed{}$

$\boxed{} - \boxed{} = \boxed{}$

$17 - 6 = \boxed{}$

3

$\boxed{} + \boxed{} = \boxed{}$

$17 + 3 = \boxed{}$

$\boxed{} + \boxed{} = \boxed{}$

$12 + 4 = \boxed{}$

$\boxed{} - \boxed{} = \boxed{}$

$14 - 3 = \boxed{}$

$\boxed{} - \boxed{} = \boxed{}$

$19 - 5 = \boxed{}$

1

$2 + 3 = 5$

$12 + 3 = 15$

$4 + \square = 8$

$14 + \square = 18$

$1 + \square = 7$

$11 + \square = 17$

$3 + \square = 10$

$13 + \square = 20$

2

$6 - \square = 2$

$16 - \square = 12$

$4 - \square = 1$

$14 - \square = 11$

$10 - \square = 6$

$20 - \square = 16$

$7 - \square = 2$

$17 - \square = 12$

3

$11 + \square = 16$

$13 + \square = 17$

$14 + \square = 19$

$16 + \square = 20$

$16 - \square = 11$

$18 - \square = 15$

$19 - \square = 13$

$20 - \square = 17$

Ergänzungsaufgaben lösen

1 5 ✏️ rot   6 ✏️ grün   7 ✏️ gelb   8 ✏️ blau   9 ✏️ braun

$10 + \boxed{} = 18$

$12 + \boxed{} = 20$

$10 + \boxed{} = 19$

8

$20 - \boxed{} = 12$

$11 + \boxed{} = 16$

$11 + \boxed{} = 19$

$11 + \boxed{} = 18$

$18 - \boxed{} = 13$

$19 - \boxed{} = 10$

$19 - \boxed{} = 11$

$17 - \boxed{} = 12$

$12 + \boxed{} = 19$

$20 - \boxed{} = 15$

$18 - \boxed{} = 11$

$11 + \boxed{} = 20$ $12 + \boxed{} = 18$

Zahlen verdoppeln und halbieren

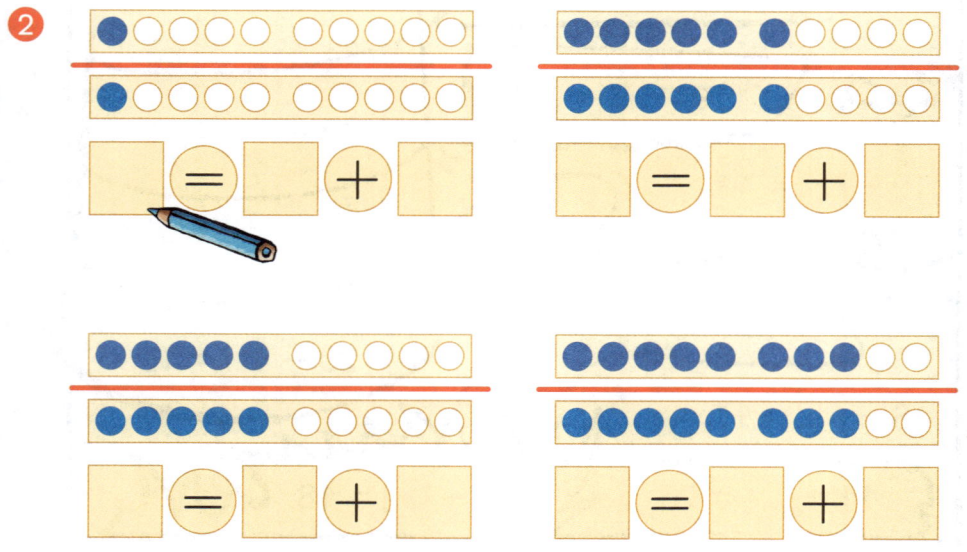

1

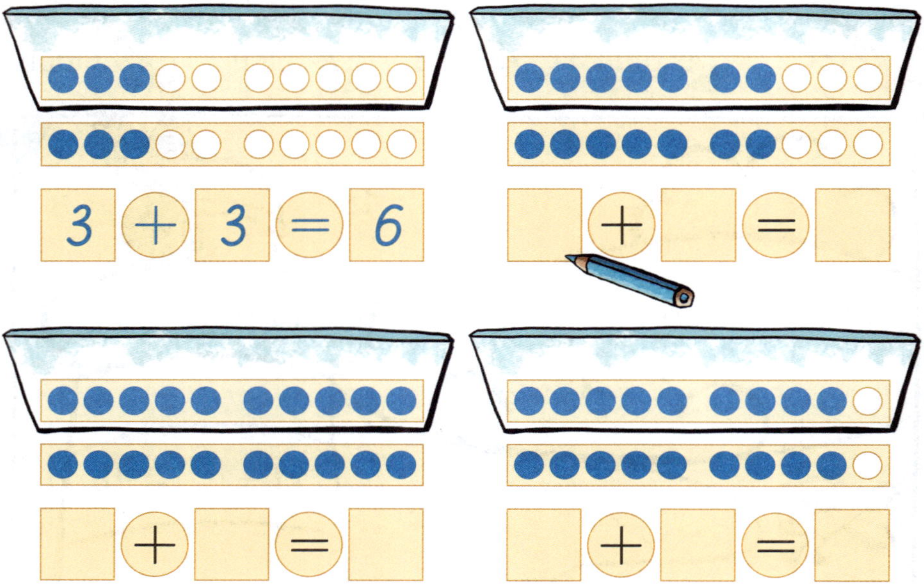

$3 + 3 = 6$

$\square + \square = \square$

$\square + \square = \square$

$\square + \square = \square$

2

$\square = \square + \square$

$\square = \square + \square$

$\square = \square + \square$

$\square = \square + \square$

1

> Gerade Zahlen kann man halbieren.

$10 + 10 = 20$

$20 = 10 + 10$

$6 + 6 = \square$

$12 = \square + \square$

$8 + 8 = \square$

$16 = \square + \square$

$9 + 9 = \square$

$18 = \square + \square$

$3 + 3 = \square$

$6 = \square + \square$

$5 + 5 = \square$

$10 = \square + \square$

$7 + 7 = \square$

$14 = \square + \square$

2

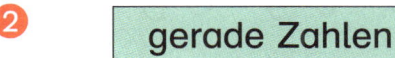

gerade Zahlen	ungerade Zahlen

1

Zuerst bis 10 und dann weiter rechnen

1 Rechne bis 10 und dann weiter.

8 + 5 = ☐

8 + 2 + 3 = 13

7 + 8 = ☐

7 + ☐ + ☐ = ☐

9 + 8 = ☐

9 + ☐ + ☐ = ☐

4 + 8 = ☐

4 + ☐ + ☐ = ☐

6 + 5 = ☐

6 + ☐ + ☐ = ☐

5 + 7 = ☐

5 + ☐ + ☐ = ☐

1 Verbinde die Nachbaraufgaben und löse sie.
Rechne zuerst die Verdopplungsaufgabe.

$5+5=\boxed{}$ $3+3=\boxed{}$ $7+7=\boxed{}$

$7+8=\boxed{}$ $5+6=\boxed{}$ $3+4=\boxed{}$

$4+4=\boxed{}$ $8+8=\boxed{}$ $6+6=\boxed{}$

$7+6=\boxed{}$ $5+4=\boxed{}$ $9+8=\boxed{}$

2 Rechne zuerst die Plus-10-Aufgabe oder die 10-Plus-Aufgabe.

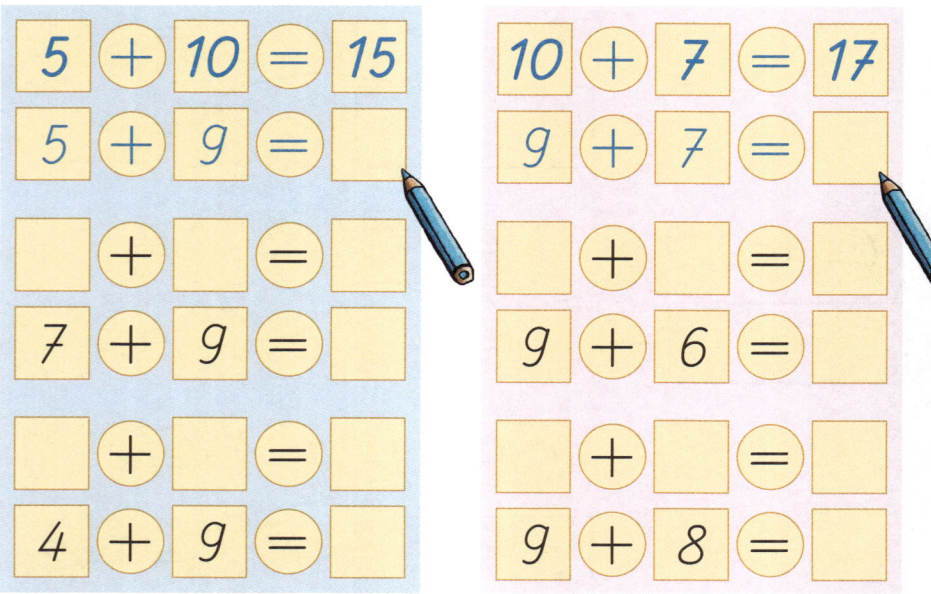

$5+10=15$ $10+7=17$

$5+9=\boxed{}$ $9+7=\boxed{}$

$\boxed{}+\boxed{}=\boxed{}$ $\boxed{}+\boxed{}=\boxed{}$

$7+9=\boxed{}$ $9+6=\boxed{}$

$\boxed{}+\boxed{}=\boxed{}$ $\boxed{}+\boxed{}=\boxed{}$

$4+9=\boxed{}$ $9+8=\boxed{}$

Plusaufgaben auf unterschiedlichen Wegen lösen

1 Rechne wie die Kinder.

Maja:
$$8 + 6 = \boxed{}$$
$$8 + 2 + 4 = 14$$

Janek:
$$5 + 6 = \boxed{}$$
$$5 + 5 + 1 = \boxed{}$$

Sofie:
$$8 + 9 = \boxed{}$$
$$8 + 10 = \boxed{}$$

Ole:
$$7 + 8 = \boxed{}$$
$$7 + 7 = \boxed{}$$

Anne:
$$4 + 8 = \boxed{}$$
$$8 + 4 = \boxed{}$$

Patrick:
$$6 + 7 = \boxed{}$$
$$7 + 7 = \boxed{}$$

Plusaufgaben üben

1 Rechne und trage die Ergebnisse ein.

$6 + 7 = 13$

$8 + 4 = \boxed{}$

$9 + 5 = \boxed{}$

$7 + 7 = \boxed{}$

$7 + 4 = \boxed{}$

$5 + 7 = \boxed{}$

$8 + 5 = \boxed{}$

$6 + 8 = \boxed{}$

2 Fülle die Tabellen aus.

+	6	7	8	9
6	12			
7				
8				
9				

+	8	5	4	7
10				
9				
7				
5				

3 Verbinde Aufgaben und Ergebnisse.

$4 + 8$ $7 + 6$ $8 + 5$

12   13

$7 + 8$ $9 + 6$ $5 + 9$

15   14

$5 + 7$ $7 + 7$ $9 + 4$

1 Rechne bis 10 und dann weiter.

$12 - 5 = \boxed{}$

$12 - 2 - 3 = 7$

$13 - 6 = \boxed{}$

$13 - \boxed{} - \boxed{} = \boxed{}$

$15 - 8 = \boxed{}$

$15 - \boxed{} - \boxed{} = \boxed{}$

$11 - 8 = \boxed{}$

$11 - \boxed{} - \boxed{} = \boxed{}$

$14 - 6 = \boxed{}$

$14 - \boxed{} - \boxed{} = \boxed{}$

$13 - 9 = \boxed{}$

$13 - \boxed{} - \boxed{} = \boxed{}$

1 Verbinde die Nachbaraufgaben und löse sie.
Rechne zuerst die Halbierungsaufgabe.

$12 - 6 =$ ☐ $14 - 7 =$ ☐ $16 - 8 =$ ☐

$14 - 8 =$ ☐ $12 - 7 =$ ☐ $16 - 9 =$ ☐

$18 - 9 =$ ☐ $10 - 5 =$ ☐ $14 - 7 =$ ☐

$11 - 5 =$ ☐ $15 - 7 =$ ☐ $19 - 9 =$ ☐

2 Rechne zuerst die Minus-10-Aufgabe.

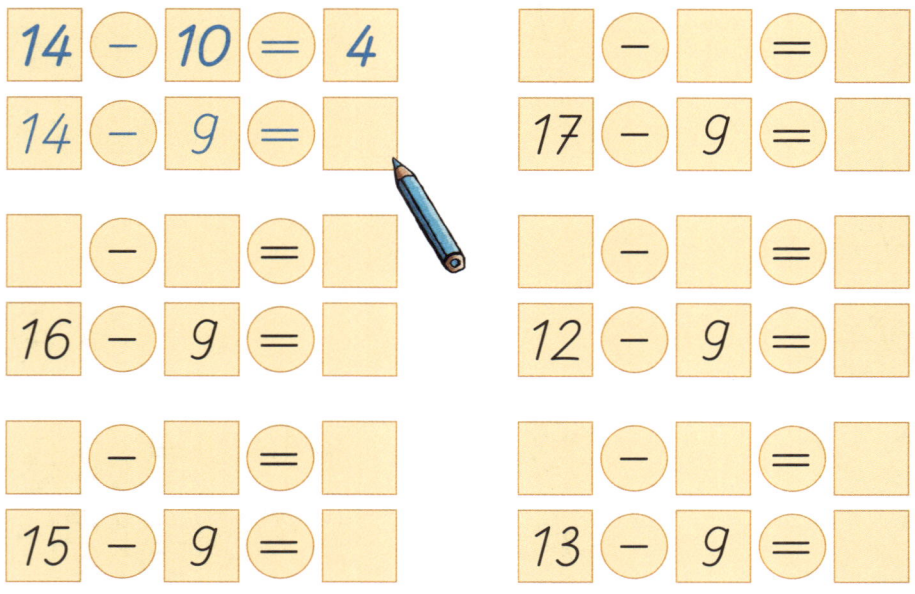

$14 - 10 = 4$

$14 - 9 =$ ☐

☐ $-$ ☐ $=$ ☐

$16 - 9 =$ ☐

☐ $-$ ☐ $=$ ☐

$15 - 9 =$ ☐

☐ $-$ ☐ $=$ ☐

$17 - 9 =$ ☐

☐ $-$ ☐ $=$ ☐

$12 - 9 =$ ☐

☐ $-$ ☐ $=$ ☐

$13 - 9 =$ ☐

Minusaufgaben auf unterschiedlichen Wegen lösen

1 Rechne wie die Kinder.

12 − 7 = ☐
12 − 2 − 5 = 5

15 − 9 = ☐
15 − 10 = ☐

14 − 6 = ☐
14 − 7 = ☐

13 − 6 = ☐
12 − 6 = ☐

☐ − 8 = 6
6 + 8 = ☐

17 − 9 = ☐
17 − 7 − 2 = ☐

1 Rechne und trage die Ergebnisse ein.

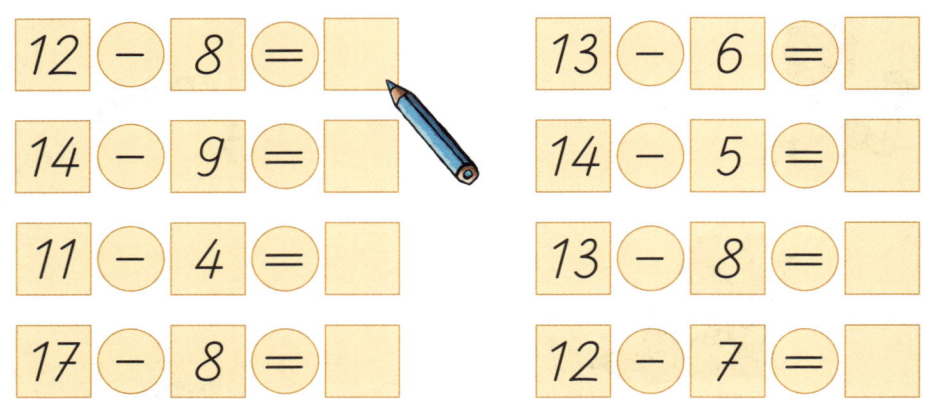

12 − 8 = ☐   13 − 6 = ☐

14 − 9 = ☐   14 − 5 = ☐

11 − 4 = ☐   13 − 8 = ☐

17 − 8 = ☐   12 − 7 = ☐

2 Fülle die Tabellen aus.

−	2	4	6	8
12				
13				
14				
15				

−	9	3	7	5
17				
15				
11				
13				

3 Verbinde Aufgaben und Ergebnisse.

11 − 5		14 − 8		14 − 9
15 − 8	6	13 − 5	8	12 − 4
13 − 6	7	16 − 9	5	11 − 6

1 Schreibe zuerst die Umkehraufgabe auf.
Trage dann die Lösung ein.

☐ $+\ 9\ =\ 17$ $17\ -\ 9\ =$

☐ $+\ 11\ =\ 16$ _____

☐ $+\ 8\ =\ 15$ _____

☐ $+\ 6\ =\ 18$ _____

☐ $+\ 7\ =\ 13$ _____

☐ $+\ 5\ =\ 20$ _____

☐ $-\ 3\ =\ 17$ $17\ +\ 3\ =$

☐ $-\ 0\ =\ 16$ _____

☐ $-\ 7\ =\ 12$ _____

☐ $-\ 8\ =\ 7$ _____

☐ $-\ 9\ =\ 9$ _____

☐ $-\ 9\ =\ 5$ _____

1 Schreibe zu den Zahlen die passenden
Plus- und Minusaufgaben.

1 Rechne.

$4 + 7 = 11$ $\qquad$ $8 + 6 = \square$

$8 + 8 = \square$ $\qquad$ $9 + 9 = \square$

$9 + 7 = \square$ $\qquad$ $8 + 3 = \square$

$2 + 9 = \square$ $\qquad$ $6 + 9 = \square$

2 Rechne.

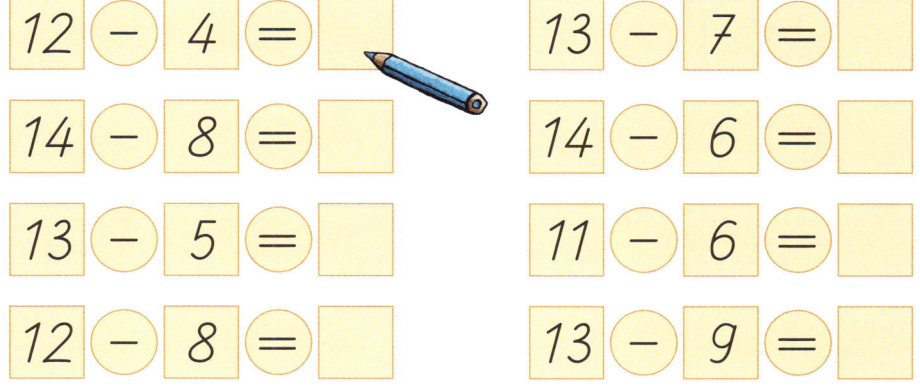

$12 - 4 = \square$ $\qquad$ $13 - 7 = \square$

$14 - 8 = \square$ $\qquad$ $14 - 6 = \square$

$13 - 5 = \square$ $\qquad$ $11 - 6 = \square$

$12 - 8 = \square$ $\qquad$ $13 - 9 = \square$

3 Rechne.

$5 + 8 = \square$ $\qquad$ $17 - 8 = \square$

$11 - 4 = \square$ $\qquad$ $8 + 4 = \square$

$6 + 8 = \square$ $\qquad$ $14 - 5 = \square$

1

12 rot	13 blau	14 gelb	15 grün
6 + 6	10 + 5	5 + 8	9 + 5
8 + 6	2 + 10	7 + 8	3 + 10
6 + 7	10 + 4	7 + 5	6 + 9
9 + 6	4 + 9	6 + 8	8 + 4
3 + 9	8 + 7	8 + 5	7 + 7

2

6 grün	7 gelb	8 blau	9 rot
11 − 4	16 − 8	13 − 5	15 − 8
15 − 9	15 − 6	13 − 4	12 − 6
15 − 7	16 − 9	13 − 6	17 − 9
13 − 7	14 − 5	17 − 8	14 − 8
12 − 5	12 − 4	14 − 6	14 − 7

1 Ergänze die Zahlenmauern.

Erste Mauer:
- oben: (leer)
- Mitte: 9, (leer)
- unten: 2, 7, 4

Zweite Mauer:
- oben: (leer)
- Mitte: (leer), (leer)
- unten: 5, 4, 3

Dritte Mauer:
- oben: 18
- Mitte: (leer), 9
- unten: (leer), (leer), 3

Vierte Mauer:
- oben: 15
- Mitte: 8, (leer)
- unten: 2, (leer), (leer)

Fünfte Mauer:
- oben: 17
- Mitte: 9, (leer)
- unten: (leer), 4, (leer)

Sechste Mauer:
- oben: 20
- Mitte: (leer), 10
- unten: (leer), 5, (leer)

Siebte Mauer:
- oben: 15
- Mitte: (leer), (leer)
- unten: (leer), (leer), (leer)

Achte Mauer:
- oben: 20
- Mitte: (leer), (leer)
- unten: (leer), (leer), (leer)

1 Ordne zu.

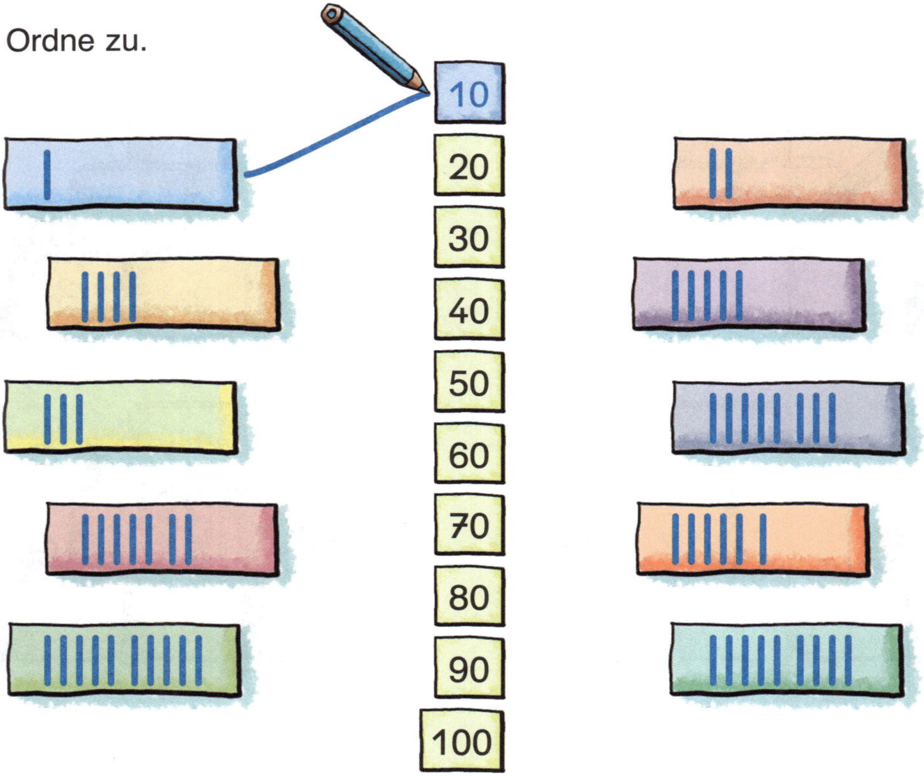

| 10 |
| 20 |
| 30 |
| 40 |
| 50 |
| 60 |
| 70 |
| 80 |
| 90 |
| 100 |

2 Zeichne.

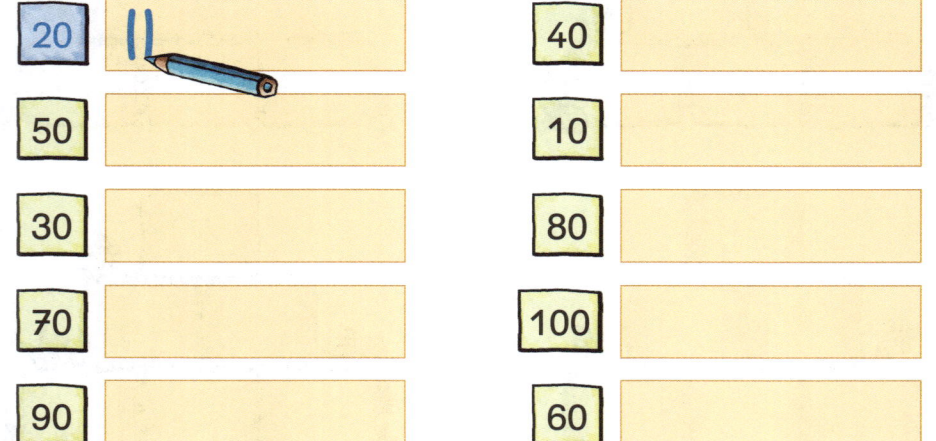

20	
50	
30	
70	
90	

40	
10	
80	
100	
60	

1 Rechne.

$20 + 30 =$ ☐ $20 + 50 =$ ☐

$50 + 10 =$ ☐ $40 + 40 =$ ☐

$40 + 30 =$ ☐ $10 + 50 =$ ☐

$30 + 60 =$ ☐ $70 + 20 =$ ☐

2 Rechne.

$90 - 40 =$ ☐ $60 - 10 =$ ☐

$70 - 20 =$ ☐ $80 - 70 =$ ☐

$50 - 30 =$ ☐ $40 - 20 =$ ☐

$80 - 50 =$ ☐ $90 - 20 =$ ☐

3 Rechne.

$60 + 30 =$ ☐ $40 - 30 =$ ☐

$50 - 50 =$ ☐ $80 + 20 =$ ☐

$30 + 50 =$ ☐ $60 - 50 =$ ☐

Geldbeträge ermitteln

1 Ermittle den Gesamtbetrag.

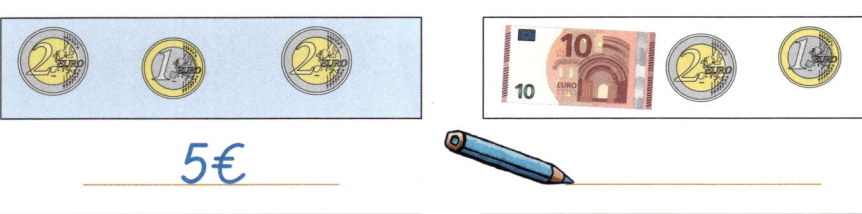

_____ 5€ _____

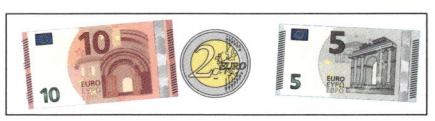

_____

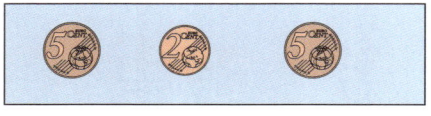

_____

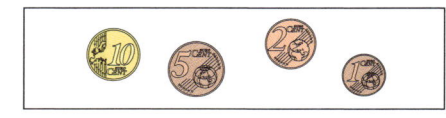

_____

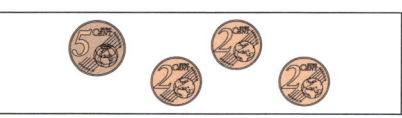

_____ 12ct _____

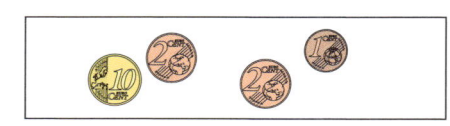

_____

_____

_____ 4€ 15ct _____

_____

_____

1 Berechne den Gesamtpreis.

$8€ + 8€ = 16€$ Es kostet _16_ Euro.

$\_€ + \_€ = \_€$ Es kostet ___ Euro.

$\_€ + \_€ = \_€$ Es kostet ___ Euro.

$\_€ + \_€ = \_€$ Es kostet ___ Euro.

$\_€ + \_€ = \_€$ Es kostet ___ Euro.

1 Berechne das Rückgeld.

 Zurück: _3€_

€	−	€	=	€

Zurück: _____

€	−	€	=	€

Zurück: _____

€	−	€	=	€

Zurück: _____

€	−	€	=	€

Zurück: _____

1 Uhrzeiten zuordnen, Zeigerstellung einzeichnen

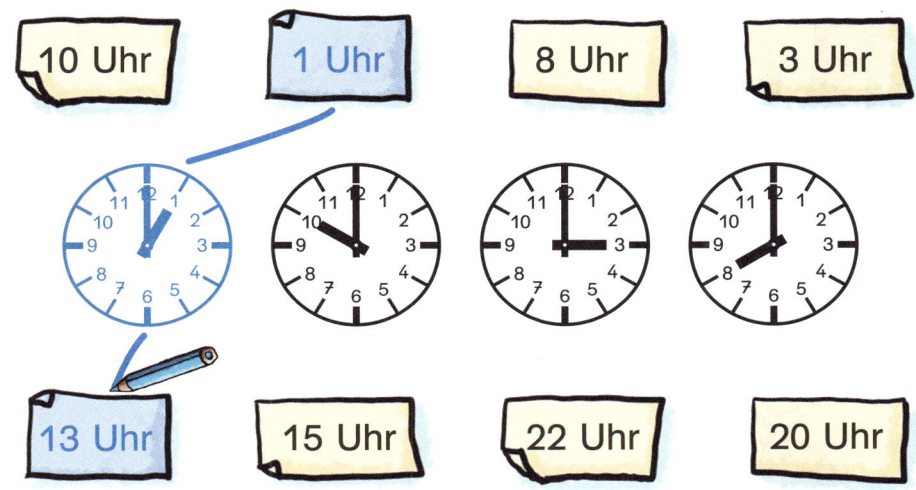

10 Uhr 1 Uhr 8 Uhr 3 Uhr

13 Uhr 15 Uhr 22 Uhr 20 Uhr

2 Trage die Zeigerstellung ein.

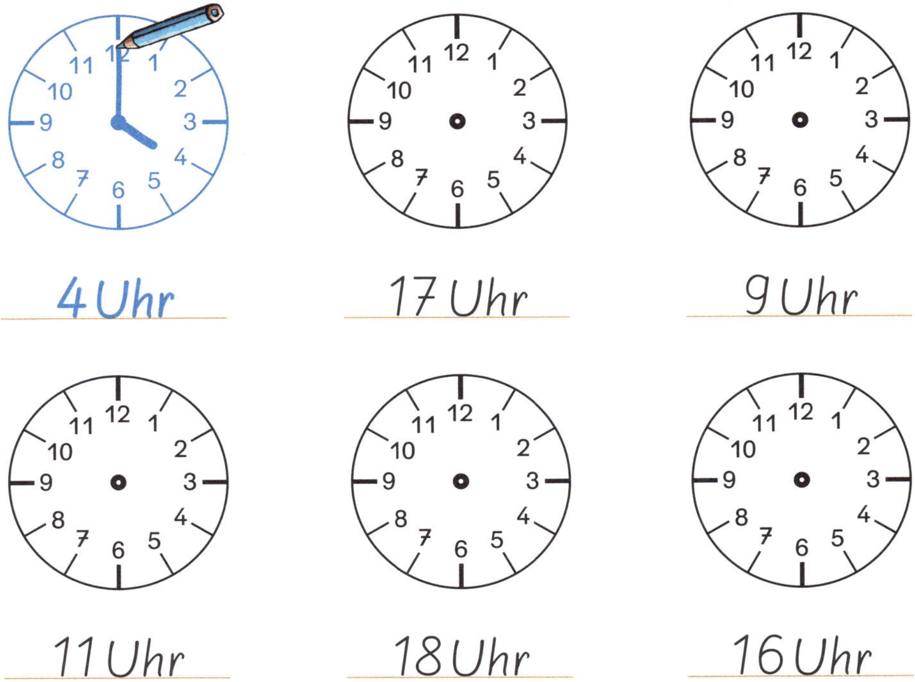

4 Uhr

17 Uhr

9 Uhr

11 Uhr

18 Uhr

16 Uhr

Janeks Hosen   Janeks Pullis

Was ziehe ich heute an?

1 Finde alle Möglichkeiten wie Janek sich anziehen kann. Male an.

Symmetrie erkennen – Symmetrieachsen einzeichnen

1 Zeichne die Symmetrieachsen ein. Benutze ein Lineal.

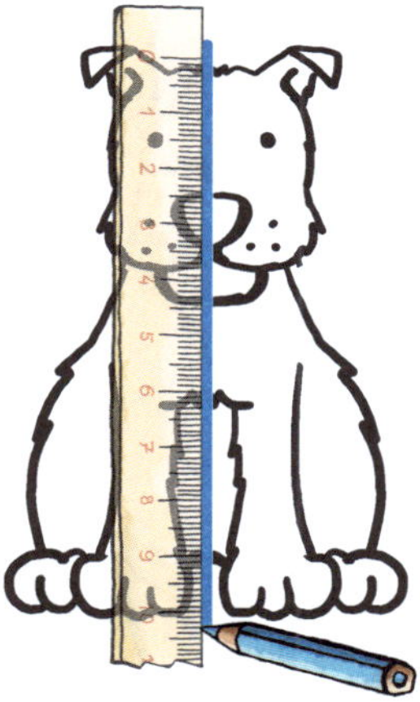

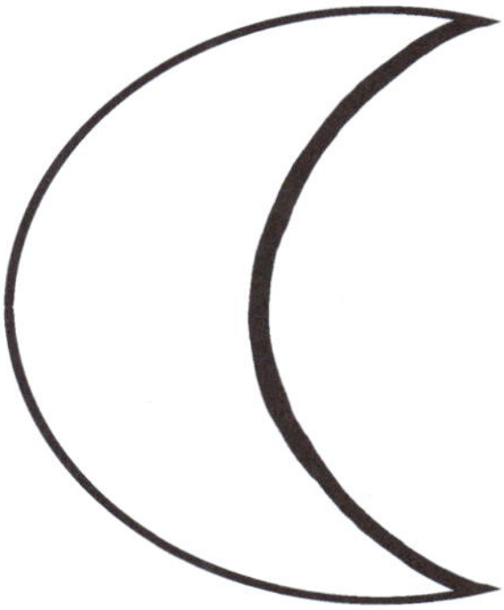

Figuren symmetrisch ergänzen

1 Verbinde die Hälften, die zusammengehören.

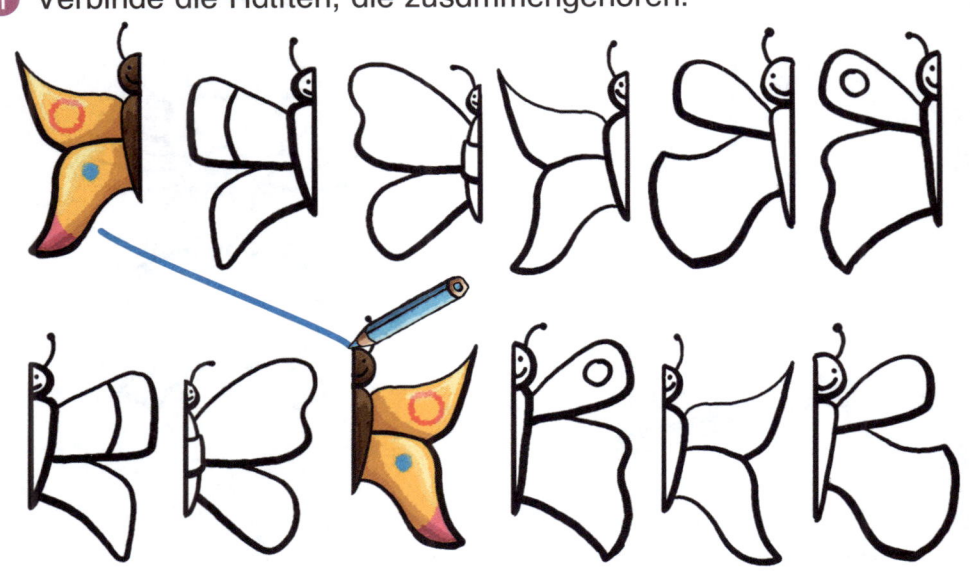

2 Male die Blumen fertig an. Sie sollen symmetrisch sein.

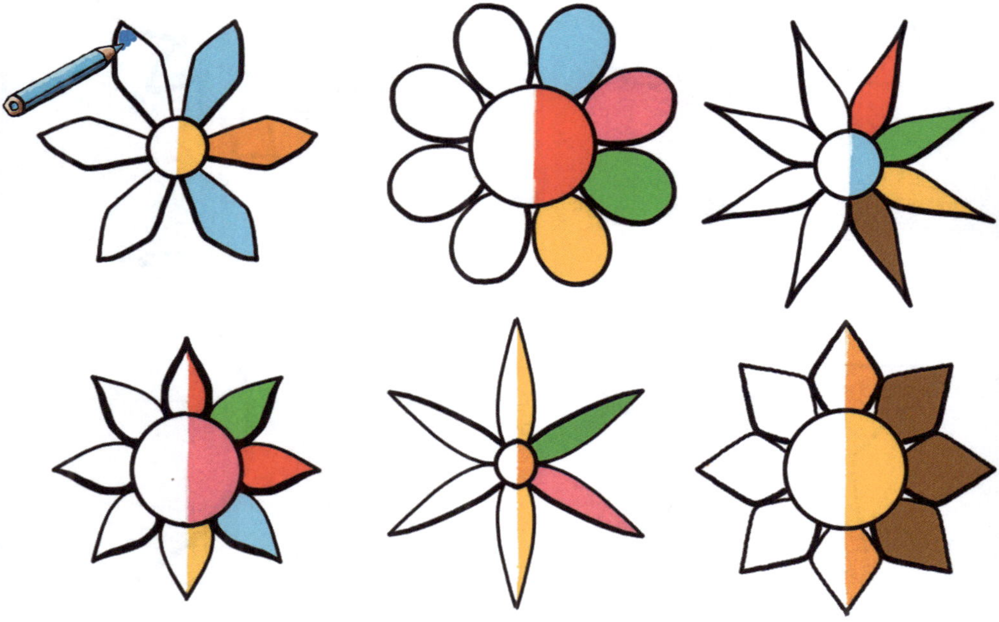